Louis ROUANET

Professeur au Collège de Mende

Un Système Nouveau

de

PRÉSENTATION PROPORTIONNELLE

DEUXIÈME ÉDITION REVUE ET AUGMENTÉE

D'UNE

Critique nouvelle du Projet Briand

PRIX : 25 centimes

MENDE

LIBRAIRIE PLANCHON | LIBRAIRIE RENOUARD
...ce de la République | Place de la Préfecture

1910

Louis ROUANET

Professeur au Collège de Mende

———✳———

Un Système Nouveau

de

PRÉSENTATION PROPORTIONNELLE

DEUXIÈME ÉDITION REVUE ET AUGMENTÉE

D'UNE

Critique nouvelle du Projet Briand

MENDE

LIBRAIRIE PLANCHON	LIBRAIRIE RENOUARD
Place de la République	*Place de la Préfecture*

1910

Représentation Nationale

On lit dans l'article VI de la *Déclaration des Droits de l'homme et du Citoyen :* « La loi est l'expression de la volonté générale; *tous* les citoyens ont droit de concourir personnellement ou par leurs représentants à sa formation ».

Dans un grand pays comme la France, il n'est pas possible que tous les citoyens concourent personnellement à la formation de la loi : ils doivent donc y participer par leurs *représentants.*

On a imaginé, pour l'élection de ces représentants, différents systèmes : le *scrutin d'arrondissement,* aujourd'hui en vigueur, le *scrutin de liste,* qui fut appliqué en 1885, le *projet Briand,* dont tous les journaux ont indiqué les grandes lignes, et la *représentation proportionnelle,* dont la dernière Chambre avait adopté le principe.

De ces divers systèmes, quel est celui qui est le plus conforme à la *Déclaration des Droits?* C'est celui qui d'abord permettra au plus grand nombre possible de citoyens d'être représentés. De plus, tous les citoyens étant *égaux* en droits (article 1, Déclaration des Droits), il est clair que, si un groupe de 5.000 électeurs a un représentant, il ne faut pas qu'un groupe de 25.000 n'en ait qu'un aussi; sans quoi, les droits de chaque électeur du second groupe, au lieu d'être égaux à ceux de chaque électeur du premier, seraient *cinq* fois moindres. Pour que l'*égalité* des droits soit réalisée, il faut que, si un groupe de 5.000 citoyens nomme *un* député, un groupe de 25.000 en nomme *cinq.* En d'autres termes, le nombre des députés doit être *proportionnel* au nombre des électeurs, de manière que soient respectés à la fois le *droit de la majorité* et le *droit des minorités.*

Nous allons examiner quel est celui de ces système qui souvegarde le mieux les droits des divers partis en présence, en étudiant successivement les systèmes *majoritaires* (scrutin d'arrondissement et scrutin de liste), les systèmes *hybrides,* dont le projet Briand est le type, et les systèmes de *représentation proportionnelle* (système du quotient et système d'Hondt).

Nous nous proposons d'établir que les systèmes majoritaires et le système Briand ne respectent, ni le droit des minorités dans chaque circonscription, ni le droit de la majorité dans la nation. Quant aux 2 systèmes proportionnels, bien que très-supérieurs, au point de vue de la justice, aux systèmes précédents, ils peuvent parfois favoriser, soit les minorités (système du quotient), soit la majorité (système d'Hondt). C'est pour éviter ce double inconvénient que nous proposons un *nouveau système,* qui nous paraît permettre de déterminer plus exactement le nombre de sièges à attribuer aux divers partis.

Systèmes majoritaires

Scrutin d'Arrondissement

Dans le scrutin d'arrondissement, chaque arrondissement, quelque faible que soit le nombre des électeurs forme au moins une circonscription électorale. Ainsi aux élections du 24 avril 1910, il y a eu, dans l'arrondissement de Barcelonnette, moins de 3.000 votants, tandis qu'il y en a eu, dans la première circonscription de Versailles, plus de 27.000.

De cette première constatation il ressort que l'égalité des droits est impossible dans le scrutin d'arrondissement, tel qu'il est organisé aujourd'hui, puisque les 27.000 électeurs d'une circonscription n'ont qu'un député, comme les 3.000 d'une autre. En d'autres termes, dans le scrutin d'arrondissement, *un* électeur d'une circonscription peut valoir *neuf* électeurs d'une autre, un électeur peut avoir *neuf fois plus* de droits qu'un autre. Voilà ce que devient l'*égalité* des droits du citoyen.

Si maintenant nous considérons les électeurs de chaque arrondissement, non plus en bloc, mais distribués en partis, comme dans chaque circonscription la majorité seule est représentée, il est évident que *le droit des minorités n'est pas respecté.*

Ainsi, supposons une circonscription électorale comprenant 25.000 électeurs inscrits et 20.000 votants, qui se distribuent de la manière suivante :

Electeurs du parti A : 11.000
—   B : 9.000

Le candidat du parti A aura la majorité et sera élu. Les 11.000 électeurs de ce parti seront représentés, les 9.000 du parti B ne le seront pas : le droit de la minorité est annulé.

D'autre part, en considérant, non plus une seule circonscription, mais un groupe de plusieurs circonscriptions, nous voyons que *le droit de la majorité peut n'être pas respecté.*

Supposons un département de 3 circonscriptions, où les voix se sont distribuées entre 2 partis de la manière suivante :

	PARTI A	PARTI B
1re Circonscription	11.000	9.000
2e —	12.000	8.000
3e —	5.000	15.000
Total........	28.000	32.000

Le parti B, qui a 32.000 voix, n'obtient qu'*un* siège dans la 3e circonscription), tandis que le parti A, qui n'en a que 28.000, en obtient *deux* : Voilà ce que devient le droit de la majorité.

On n'a qu'à généraliser ces observations, à les étendre à l'ensemble du pays, et l'on verra que le scrutin d'arrondissement *ne respecte pas plus le droit de la majorité* dans le pays *que le droit des minorités* dans chaque circonscription.

Scrutin de Liste

Il en est de même du scrutin de liste, avec cette seule différence que c'est dans chaque département, non dans chaque arrondissement, que *les minorités sont écrasées*. Quant au *droit de la majorité, il n'est pas plus sauvegardé* dans un groupe de départements qu'il ne l'est, avec le scrutin d'arrondissement, dans un groupe de circonscriptions.

Supposons un département, comprenant 125.000 électeurs inscrits et 100.000 votants, élisant 5 députés. Les suffrages s'étant distribués entre 2 listes de la manière suivante :

Liste A : 55.000 voix en moyenne
— B : 45.000 —

Les 5 députés de la liste A seront élus et les 55.000 électeurs du parti A seront représentés, tandis que les 45.000 électeurs du parti B ne le seront pas, aucun député de la liste B n'étant élu. Ainsi donc, dans chaque département, le scrutin de liste *ne respecte le droit des minorités*.

D'autre part, si nous étudions, non plus un seul département, mais plusieurs départements réunis, nous voyons que *le droit de la majorité peut n'être pas sauvegardé*.

Considérons, en effet, un groupe de 3 départements où les suffrages se sont distribués entre 2 partis de la manière suivante :

		PARTI A	PARTI B
1er	Département	55.000	45.000
2e	—	60.000	40.000
3e	—	25.000	75.000
	Total.....	140.000	160.000

Le parti B, avec 160.000 suffrages, n'obtient que 5 sièges, (dans le 3ᵉ département), tandis que le parti A, avec 140.000 voix seulement, est représenté par 10 députés. La *minorité* des électeurs obtient *deux fois plus* de représentants que la majorité.

Comme pour le scrutin d'arrondissement, il suffit d'étendre à toute la France ces observations, appliquées ici à un groupe de départements, pour se rendre compte que le scrutin de liste *ne sauvegarde pas plus le droit de la majorité* dans l'ensemble de la nation que le *droit des minorités* dans chaque département.

Systèmes Hybrides

Projet Briand

Le projet Briand peut être pris comme type des *systèmes hybrides*, s'inspirant à la fois du principe majoritaire et du principe proportionnel, et sera, au point de vue de la justice électorale, *moins mauvais* que le scrutin d'arrondissement, mais *impuissant,* non-seulement *à assurer* dans chaque département *une représentation équitable aux minorités*, mais encore à *sauvegarder le droit de la majorité* dans le pays.

D'après ce projet, l'élection se faisant au scrutin de liste, pour répartir les sièges entre les listes, on diviserait le *nombre des électeurs inscrits* par le *nombre des députés* à élire. Le quotient ainsi obtenu servirait à fixer le nombre des députés attribué aux diverses listes, chaque liste ayant droit à autant de sièges que le quotient serait contenu de fois dans la moyenne des suffrages qu'elle aurait eus. Les sièges non attribués de cette manière le seraient ensuite *aux candidats ayant eu le plus grand nombre de voix.*

Pour nous rendre compte de la valeur de ce système, reprenons le premier exemple qui nous a servi pour exposer le scrutin de liste, et supposons que le nombre des *électeurs inscrits* d'un département soit: 125.000, le nombre des votants: 100.000, et les nombre des députés à élire: 5. Le *quotient électoral* est: 25.000, résultat de la division de 125.000 par 5.

Les suffrages s'étant répartis entre 2 listes de la même manière que plus haut:

$$\text{Liste} \quad \text{A}: 55.000$$
$$\text{---} \quad \text{B}: 45.000$$

Le quotient électoral: 25.000 est contenu seulement 1 fois dans la moyenne des voix de la liste B, qui n'aura droit qu'à 1 siège, et 2 fois dans la moyenne des voix de la liste A, qui aura droit de ce chef à 2 sièges, et qui obtiendra par surcroît les 2 autres, attribués aux candidats ayant eu le plus grand nombre de voix.

Ainsi, les 55.000 électeurs de la liste A seront représentés par 4 députés, et les 45.000 de la liste B seulement par *un*. La *minorité*, si elle n'est pas absolument écrasée, comme dans le scrutin de liste, n'*est pas représentée équitablement*.

D'autre part, ce système qui, dans la pensée de son auteur, est destiné à renforcer la majorité, peut fort bien, comme les systèmes majoritaires, avoir un résultat opposé et n'attribuer qu'une *minorité de représentants* à un parti qui obtiendrait dans le pays la *majorité absolue des suffrages*.

Pour le prouver, reprenons le deuxième exemple qui nous a servi dans la critique du scrutin de liste, et supposons que, dans 3 départements, ayant chacun: 125.000 électeurs inscrits, 100.000 votants et 5 représentants, les voix se soient distribuées de la manière suivante entre 2 partis:

		PARTI A	PARTI B
1er Département		55.000	45.000
2º	—	60.000	40.000
3º	—	25.000	75.000
	Total.....	140.000	160.000

D'après le projet Briand, dans l'ensemble des 3 départements, le parti A, avec 140.000 voix, obtient 9 sièges (4+4+1), tandis que le parti B, avec 160.000 voix, n'en obtient que 6 (1+1+4).

En généralisant ces observations, et en les étendant à l'ensemble du pays, l'on reconnaîtra que le système Briand, au lieu de *renforcer* la majorité du parti qui l'a, peut la *donner* au parti *qui ne l'a pas*.

Représentation Proportionnelle

Systéme du quotient

Le système du *quotient*, appelé aussi système *rationnel*, ou encore système *genevois*, parce qu'il est usité pour les élections cantonales de Genève, est bien supérieur aux systèmes précédents.

Dans ce système, on obtient le *quotient* électoral en divisant par le *nombre de députés* à élire, non pas, comme dans le projet Briand, le nombre des électeurs inscrits, mais le nombre des *votants*. Chaque liste a droit à autant de sièges que le quotient est contenu de fois dans le total de ses voix, et les sièges non répartis de cette manière sont ensuite attribués, non pas à la liste ayant eu le plus grand nombre de voix, comme dans le projet Briand, mais *aux plus forts restes*.

Ainsi, en reprenant le premier exemple qui nous a servi pour l'étude du système Briand et du scrutin de liste, nous voyons que, dans un département de 125.000 électeurs inscrits et 100.000 votants, élisant 5 députés, le quotient électoral: 20.000 est contenu 2 fois dans 55.000, total des voix de la liste A (avec un reste de 15.000): la liste A aura droit à 2 sièges. Le quotient est aussi contenu 2 fois dans 45.000, total des voix de la liste B (avec un reste de 5.000): la liste B aura aussi droit à 2 sièges. Quant au 5ᵉ siège, il sera donné à la liste A, qui a obtenu le plus fort reste (15.000).

Ainsi le parti A, avec 55.000 suffrages, sera représenté par 3 députés et le parti B avec 45.000 sera représenté par 2. De même, dans le groupe de 3 départements étudié plus haut, les 140.000 électeurs du parti A auraient

7 représentants, tandis que les 160.000 électeurs du parti B en auraient 8.

Comme on le voit par cet exemple, le système du quotient *respecte,* beaucoup mieux que les systèmes précédents, le droit de la *majorité* et le droit de la *minorité.*

Cependant, avec ce système ,il peut arriver, dans certains cas, que le droit de la majorité ne soit pas sauvegardé, et que le parti qui a la *majorité absolue* des suffrages, dans un département, n'obtienne que la *minorité* des sièges.

Supposons, par exemple, que les 100.000 votants aient réparti leurs suffrages entre 4 listes de la manière suivante :

Liste A : 52.000
— B : 17.000
— C : 16.000
— D : 15.000

Les 52.000 électeurs de la liste A (c'est-à-dire la *majorité absolue*) n'obtiennent que *deux* sièges, tandis que les 48.000 électeurs des listes B, C, D, (c'est-à-dire *la minorité*) en obtiennent *trois.* Il faut avouer que le nom de *système rationnel* ne convient guère à un système qui peut donner de tels résultats.

Système d'Hondt

Le système *d'Hondt,* ainsi appelé du nom de son inventeur, est usité en Belgique, et c'est ce système de répartition que la commission du suffrage universel de la Chambre française avait adopté.

Il est supérieur au précédent en ce qu'il *n'enlève jamais la majorité* des sièges à une liste qui a la *majorité absolue* des suffrages.

Pour nous en rendre compte, reprenons l'exemple dont nous venons de nous servir, et supposons un département comprenant 100.000 votants, et ayant droit à 5 députés. Chaque parti présente une liste de 5 candidats, et chaque électeur dispose de 5 suffrages, avec la double faculté :

1° D'accumuler la totalité ou plusieurs de ses suffrages sur un même nom ;

2° De voter pour des candidats appartenant à des listes différentes.

Supposons que les suffrages se soient répartis, dans les mêmes proportions que plus haut, de la manière suivante :

Liste A.

1er candidat :	52.400	voix.
2e —	52.200	—
3e —	52.000	—
4e —	51.800	—
5e —	51.600	—
Total :	260.000	—

Liste B.

1er candidat :	17.200	voix.
2e —	17.100	—
3e —	17.000	—
4e —	16.900	—
5e —	16.800	—
Total :	85.000	—

Liste C.

1er candidat :	16.200	voix.
2e —	16.100	—
3e —	16.000	—
4e —	15.900	—
5e —	15.800	—
Total :	80.000	—

Liste D.

1er candidat :	15.200	voix.
2° —	15.100	—
3° —	15.000	—
4° —	14.900	—
5° —	14.800	—
Total :	75.000	—

Pour répartir les sièges entre les 20 candidats des 4 partis en présence, voici les simples opérations arithmétiques qu'il faudra faire :

Il faudra d'abord additionner les voix obtenues par les 5 candidats de chaque parti, et on obtiendra les 4 *totaux* suivants :

Liste A, total : 260.000.
— B, — : 85.000.
— C, — : 80.000.
— D, — : 75.000.

On divise ensuite chacun de ces totaux successivement par 1, 2, 3, 4, 5, et on obtient les *quotients* suivants :

Liste A.

$$260.000 : 1 = 260.000$$
$$: 2 = 130.000$$
$$: 3 = 86.666$$
$$: 4 = 65.000$$
$$: 5 = 52.000$$

Liste B.

$$85.000 : 1 = 85.000$$
$$: 2 = 42.500$$
$$: 3 = 28.333$$
$$: 4 = 21.250$$
$$: 5 = 17.000$$

Liste C.

$$80.000 : 1 = 80.000$$
$$: 2 = 40.000$$
$$: 3 = 26.666$$
$$: 4 = 20.000$$
$$: 5 = 16.000$$

Liste D.

$$75.000 : 1 = 75.000$$
$$: 2 = 37.500$$
$$: 3 = 25.000$$
$$: 4 = 18.750$$
$$: 5 = 15.000$$

On range enfin les quotients dans l'ordre de leur importance, jusqu'à concurrence de 5, nombre des députés à élire :

1er quotient : 260.000 (Liste A)
2e — : 130.000 (Liste A)
3e — : 86.666 (Liste A)
4e — : 85.000 (Liste B)
5e — : 80.000 (Liste C)

Le 5e quotient 80.000 est le *diviseur commun*. Chaque liste aura droit à autant de sièges que le diviseur commun sera contenu de fois dans le total de ses voix. Le nombre 80.000 est contenu 3 fois dans le total des voix de la liste A : 260.000. La liste A aura droit à 3 sièges qui seront attribués aux 3 candidats de cette liste qui auront réuni respectivement le plus grand nombre de suffrages : le premier, 52.400 voix ; le deuxième, 52.200 le troisième, 52.000 voix.

Le nombre 80.000 est contenu 1 fois dans 85.000, total des voix de la liste B. La liste B aura droit à un siège qui sera attribué au premier candidat, ayant réuni 17.200 voix.

Le nombre 80.000 est contenu 1 fois dans 80.000, total des voix de la liste C. La liste C aura aussi droit à un siège, attribué au premier candidat, qui a réuni 16.200 voix.

Enfin, la liste D n'aura droit à aucun siège, parce que le nombre 80.000 n'est pas contenu dans 75.000, total des voix de cette dernière liste.

Comme on le voit par cet exemple, le système d'Hondt, contrairement au système du quotient, *n'enlève pas la majorité* des sièges au parti qui a obtenu la majorité des suffrages.

Mais il peut arriver inversement qu'il donne la majorité des représentants à un parti qui n'a pas obtenu la majorité absolue des voix, *lésant parfois gravement le droit des minorités.*

Supposons, en effet, que les suffrages se soient répartis entre 5 listes de la manière suivante:

Liste A : 240.000
— B : 104.000
— C : 62.000
— D : 50.000
— E : 44.000

En refaisant les opérations indiquées plus haut pour la répartition des sièges, on verra que les listes C, D, E, n'auront aucun élu, la liste B en obtiendra un, et la liste A, *avec moins de la moitié* des votants, obtiendra *presque la totalité* des sièges (4).

Ainsi donc, tandis que le système du quotient, en favorisant les partis faibles, peut n'attribuer que la minorité des sièges à une liste qui obtient la majorité des voix, inversement, le système d'Hondt, en favorisant le parti le plus fort au détriment des partis faibles, peut attribuer la *majorité* et presque la *totalité* des sièges à une liste *qui n'a même pas réuni la moitié des suffrages.*

Système Nouveau

Voici maintenant un nouveau système qui, ne favorisant ni les partis forts ni les partis faibles, n'exerce aucune action sur le développement des partis et, servant seulement à mesurer leurs forces avec exactitude, ne *donnant* jamais la majorité au parti qui ne l'a pas, ne *l'enlevant* jamais au parti qui l'a, paraîtra, nous l'espérons, préférable aux deux systèmes précédents.

Ce système n'est autre que le système d'Hondt avec une légère modification : le *groupement facultatif* des listes pour la répartition des sièges.

Pour en faire comprendre le mécanisme, reprenons le dernier exemple qui nous a servi pour la discussion du système d'Hondt, et supposons que les voix se soient réparties entre 5 listes de la manière suivante :

```
Liste A : 240.000 suffrages
  —   B : 104.000      —
  —   C :  62.000      —
  —   D :  50.000      —
  —   E :  44.000      —
```

L'inconvénient du système d'Hondt était d'attribuer *quatre* sièges aux 240.000 voix de la liste A, et de n'en attribuer *qu'un* aux 260.000 voix des listes B, C, D, E ; tandis que, si les suffrages divisés entre ces quatre listes s'étaient portés sur une seule, ces 260.000 suffrages, d'après le système d'Hondt lui-même, auraient été représentés par *trois* députés, et la liste *A*, seulement par *deux*.

Or, il peut se faire que les programmes des partis B, C, D, E, ne soient séparés que par des nuances, tandis qu'ils s'opposent absolument au programme du parti A. N'est-il pas préférable, dans ce cas, que la loi permette aux électeurs de ces listes de se grouper pour obtenir, en opposition avec les électeurs du parti A, le nombre de sièges auquel ils ont droit, plutôt que d'accorder in-justement deux représentants de plus aux électeurs de la liste A, qui n'obtiendraient ces deux sièges *supplé-mentaires* que grâce à l'éparpillement des voix des au-tres partis, dont le programme est diamétralement op-posé au leur?

Il suffirait, pour cela, d'établir que les partis qui en auraient fait la déclaration, 8 jours, par exemple, avant le vote, eussent la faculté de *grouper leurs suffrages* pour une première répartition des sièges.

Si les partis B, C, D, E, avaient fait cette déclaration, les 260.000 suffrages qu'ils ont obtenus donneraient droit, pour l'ensemble de ces partis, à 3 sièges qui, répartis selon la méthode d'Hondt, seraient attribués: deux à la liste B, un à la liste C.

Si les partis s'étaient groupés de la manière suivante: B et C formant un groupe de 104.000 + 62.000, total 166.000 ; D et E formant un autre groupe de 50.000 + 44.000, total: 94.000, le premier groupe aurait droit à deux députés qui seraient attribués, l'un à la liste B, l'autre à la liste C, et le second groupe aurait droit à un député qui serait attribué à la liste D.

On pourrait même imaginer un groupement à *deux degrés* :

1er degré : B + C formant un groupe,
 D + E formant un autre groupe ;

2e degré : réunion du 1er groupe (B + C)
 et du 2e groupe (D + E).

Pour l'exemple que nous examinons ici, ce groupe-ment aboutirait aux mêmes résultats que les deux grou-pements isolés : (B + C), (D + E), que nous venons d'étu-dier. Mais il est des cas où des groupements isolés se-raient impuissants à empêcher le parti le plus fort d'ob-tenir la majorité des sièges, sans avoir la majorité absolue des suffrages, et où le groupement à deux degrés serait indispensable pour ce résultat. Voilà pourquoi le groupement facultatif à deux degrés, quoique un peu plus compliqué, serait préférable au simple groupement facultatif.

Il ne faudrait pas objecter que les trois listes B, C, D, qui, dans le système proposé, obtiendraient la majorité des sièges (3), n'ayant réuni que 216.000 suffrages (104.000 + 62.000 + 50.000), auraient encore moins de droit à la majorité des sièges que la liste A, qui en a réuni 240.000.

En effet, les trois députés des listes B, C, D, représenteraient, non seulement les 216.000 voix de ces listes mais encore les 44.000 suffrages des électeurs de la liste E qui, en votant pour les candidats de cette liste, groupés au premier degré avec ceux de la liste D et avec le groupe B + C au second degré, auraient manifesté la triple volonté: 1° de choisir les candidats de la liste E; 2° de préférer les candidats de la liste D aux candidats des listes B, C, A; 3° de préférer les candidats des listes B et C à ceux de la liste A.

Ainsi donc, le système proposé ici a l'avantage de ne pas attribuer la majorité des sièges à un parti qui n'a pas la majorité des voix, comme peut le faire le système d'Hondt pur et simple. Il est inutile de démontrer qu'il n'enlèverait jamais la majorité des sièges au parti qui a la majorité des suffrages, comme cela peut arriver avec le système du quotient.

A ce point de vue spécial de l'attribution de la majorité des sièges à la majorité des électeurs, qui est très important, surtout pour un corps électoral habitué au triomphe absolu des majorités, soit dans le scrutin d'arrondissement, soit dans le scrutin de liste, le système que nous proposons nous paraît préférable à la fois au système du quotient et au système d'Hondt.

La seule objection qui nous semble pouvoir être adressée à ce système, c'est qu'en favorisant les alliances entre les partis, il ne respecte pas suffisamment leur autonomie. Mais, à ce point de vue de l'influence du mode de scrutin sur les partis, le système proposé est moins nuisible que les deux systèmes précédents dont le premier, comme nous l'avons vu, pousse à la division d'un parti unique, en favorisant les listes faibles, tandis que le second, en favorisant les listes fortes, pousse à la confusion des partis.

Notre système n'a aucun de ces inconvénients. Le groupement des listes, étant *facultatif,* ne gênerait en rien l'indépendance absolue des partis qui voudraient rester isolés. Il *permettrait* seulement, aux partis qui en feraient la déclaration, d'utiliser, le cas échéant, en faveur de partis voisins, les suffrages qu'ils ne pourraient employer à se faire représenter eux-mêmes, au lieu de les faire servir, contrairement à leur intention, à augmenter indirectement le nombre des représentants des partis les plus éloignés.

Il est d'ailleurs probable que ces groupements facultatifs se produiraient très souvent, car ils paraissent répondre à la réalité des choses. Si l'on considère, en effet, les 9 partis entre lesquels se sont distribuées les voix aux élections législatives de 1910 (conservateurs, nationalistes, libéraux, progressistes, républicains de gauche, radicaux, radicaux-socialistes, socialistes indépendants, socialistes unifiés), peut-on raisonnablement prétendre que ces 9 partis sont *également opposés* les uns aux autres? Ces partis ne se groupent-ils pas en réalité en un petit nombre de blocs, répondant aux directions générales de l'opinion? Il semble donc que le système proposé, qui permettrait ces groupements pour la détermination du nombre des sièges à attribuer à chaque bloc, serait un instrument de précision plus exact que les deux systèmes précédents. En permettant aux divers partis d'utiliser, en faveur des partis voisins, leurs suffrages non employés, il servirait à mieux dégager la volonté réelle de la majorité des votants.

Ce léger changement aurait une importance considérable. Dans l'exemple que nous avons étudié, il modifierait la répartition des sièges, faite d'après le système d'Hondt pur et simple, dans l'énorme proportion des *deux cinquièmes*. Dans les départements plus peuplés, la modification, relativement plus faible, serait encore très appréciable. Ainsi, en considérant une circonscription élisant 15 députés, dans laquelle les suffrages se seraient répartis entre 5 partis dans la même proportion que plus haut :

Liste A : 720.000 suffrages.
  —   B : 312.000   —
  —   C : 186.000   —
  —   D : 150.000   —
  —   E : 132.000   —

nous voyons que le système d'Hondt pur et simple donnerait *huit* sièges à la liste A ; trois à la liste B ; deux à la liste C ; *un* à la liste D ; un à la liste E ; tandis que le système d'Hondt, complété par le groupement facultatif à deux degrés des listes (B+C)+(D+E), attribuerait plus justement : *sept* élus à la liste A ; trois à la liste B ; deux à la liste C ; *deux* à la liste D ; un à la liste E. Ainsi, même avec de grandes circonscriptions régionales, la modification proposée pourrait déplacer, dans l'ensemble de la représentation nationale, en les attribuant d'une manière plus exacte, environ *une quarantaine* de mandats. Ce déplacement serait naturellement *beaucoup plus considérable* avec des circonscriptions plus petites, telles que sont la plupart de nos départements. En présence de tels résultats, il semble inutile d'insister sur l'importance qu'aurait cette légère modification.

Conclusion

En résumé, nous croyons avoir montré, dans ces quelques pages, que le scrutin d'arrondissement et le scrutin de liste sont impuissants à réaliser la justice électorale. De même, le système Briand, en n'accordant pas aux minorités une représentation équitable dans chaque département, peut, dans l'ensemble du pays, enlever la majorité des sièges au parti qui a la majorité des voix. La représentation proportionnelle (système du quotient) offre, quoique à un degré moindre, le même inconvénient, en attribuant parfois aux minorités, dans chaque département, un nombre de sièges supérieur à leur droit. Quant au système d'Hondt, tout en respectant le droit des minorités, beaucoup plus que le projet Briand et les scrutins purement majoritaires, il n'enlève jamais la majorité des représentants au parti qui a la majorité des suffrages, mais peut la donner parfois, injustement, à un parti qui n'a qu'une majorité relative. Cet inconvénient pourrait être évité avec le système que nous proposons et qui n'est que le système d'Hondt, légèrement modifié par le groupement facultatif des listes pour la répartition des sièges. Avec ce léger changement, la représentation proportionnelle paraît à peu près inattaquable au point de vue de la justice électorale. D'ailleurs, même avec les autres systèmes, la représentation proportionnelle est supérieure aux modes de scrutin jusqu'ici usités en France. Le jour où elle sera adoptée, un grand progrès aura été réalisé dans la voie de la juste représentation des citoyens.

Ce progrès en amènera nécessairement un autre, au point de vue des mœurs électorales. Dans les scrutins majoritaires ou hybrides, le déplacement de quelques centaines, parfois de quelques dizaines, de suffrages, peut décider du succès. Aussi, les pires moyens sont trop souvent mis en œuvre pour obtenir ce déplacement. Avec la représentation proportionnelle, chaque parti, sûr d'obtenir le nombre de représentants auquel il a droit, n'aura plus le même intérêt à augmenter, par la pression, la corruption ou la fraude, le nombre de ses suffrages. En assurant la justice dans la représentation des partis, la représentation proportionnelle assurera en même temps l'honnêteté et la sincérité des élections.

Aurillac. — Imprimerie Moderne.

Tirage 2